Der Geschmack von

ROST UND KOHLE

Eine Geschichte von Thomas J. Hauck

mit einem Wissensteil über
Die Entstehung der Braunkohle
und über die Brikettfabrik „Louise“
von Steffi Bröckerbaum

Illustriert von Sylvia Graupner

Herausgegeben vom Brandenburgischen Landesamt
für Denkmalpflege und Archäologischen Landesmuseum

HINSTORFF

Der Geschmack von Rost und Kohle

Eine Geschichte von Thomas J. Hauck

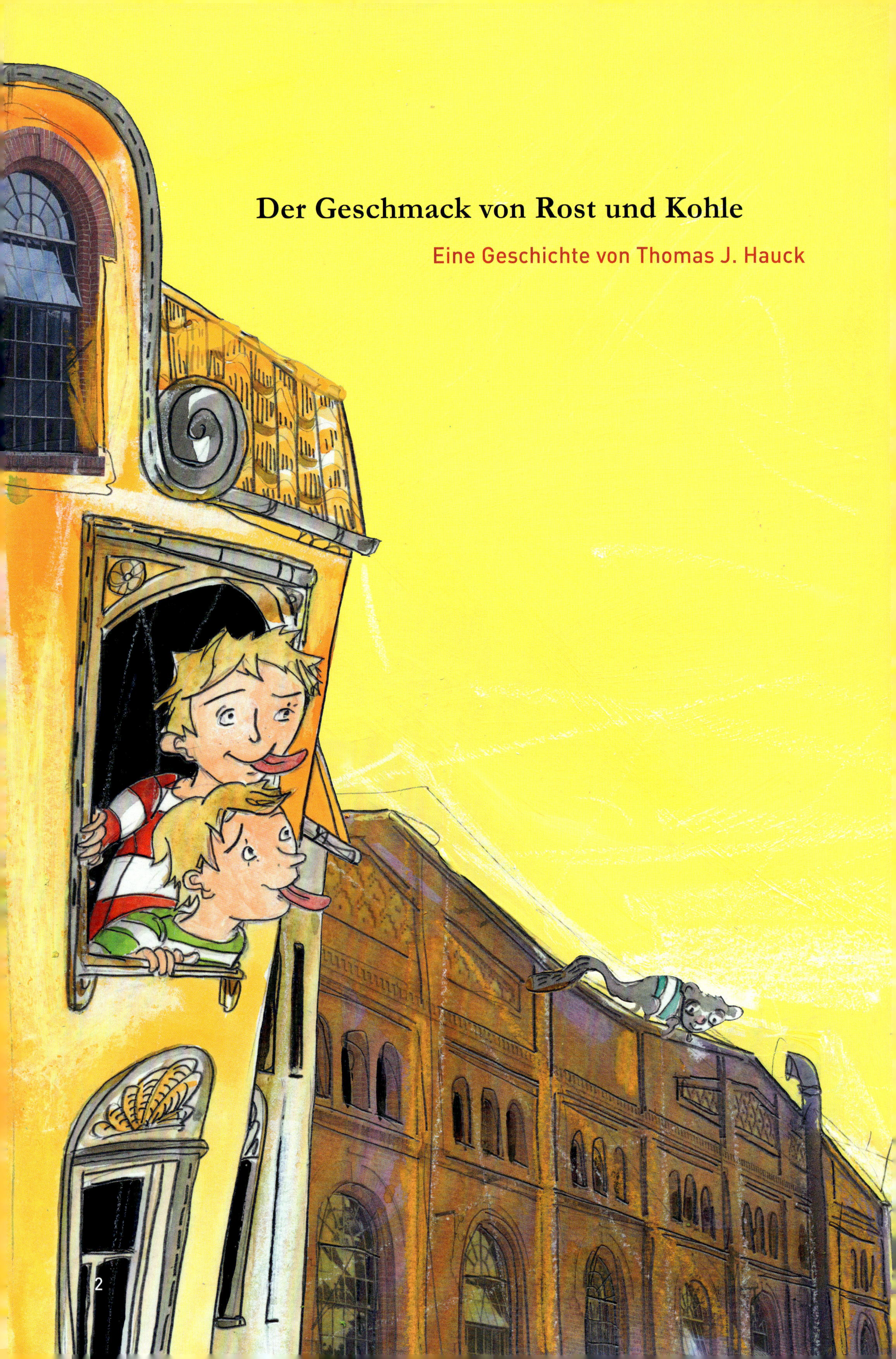

Am 8. August haben wir beschlossen zu gehen, abzuhauen. Mein Bruder und ich. Wir wollten nicht mehr länger hierbleiben, in diesem Internat. Hier, weit draußen auf dem Land, auf dem Herrensitz aus dem 18. Jahrhundert. In das uns Mama und Papa nur gesteckt haben, weil sie ständig unterwegs sind. Dienstreise nach Los Angeles, Arbeitstreffen in München …

Wir saßen im Zimmer, die Sonne schien – und irgendwie schmeckte die Luft leicht salzig. Keine Ahnung, warum. Eigentlich liegt das Internat ganz schön weit weg vom Meer. 450 Kilometer bis zur Ostsee sind es. Aber die Luft schmeckte auch nicht nach Ostsee. Ich sagte zu meinem Bruder: „Probier' mal die Luft, die schmeckt nach Atlantik." Und dann haben wir uns und unsere Zungen aus dem Fenster gestreckt. Der Hausmeister fand das nicht so lustig und hat uns mit der Faust gedroht. Aber wirklich: Die Luft schmeckte nach Atlantik. Und nach Reise, Fernweh. Da war klar, wir mussten weg von hier. Hin zu Onkel Bart nach Koksijde ans Meer. Er hatte Mama und Papa schon vor Jahren angeboten, dass wir zu ihm kommen könnten. Sein Haus sei groß genug und Schulen gebe es auch. Und Muscheln und Frietjes. Pommes Frietjes. Und das Meer, das würde nach Atlantik schmecken. Naja, nicht ganz Atlantik. Onkel Bart sagt immer, in Koksijde täten sich die Nordsee und der Atlantik küssen. Und deswegen würde er auch hier wohnen! Wegen der Küsse!

Wir rechneten nach. Über 870 Kilometer waren es bis Koksijde! Zu Fuß wären wir so in 200 Stunden da. Vielleicht ab und zu auch mal mit dem Zug fahren … dann ginge es natürlich schneller.

Mama und Papa erfuhren nichts von unserem Entschluss. Waren ja eh nicht da, waren wie immer unterwegs. Hatten wieder ein Wochenende abgesagt, auf das wir uns so gefreut hatten.

Wir haben den Beginn der Sommerferien abgewartet und dem Schulleiter, Herrn Ebenbrecht, ein richtig gutes Märchen aufgetischt. So etwas vom Wandern, Natur erleben.

Schließlich besorgten wir uns einen Leiterwagen und verstauten alles, was wir brauchten, darin: Knäckebrot zum Beispiel, Käse, Schlafsäcke, Decken. Wir beschlossen, abwechselnd zu ziehen. Damit jeder einmal sitzen durfte.

Mein Bruder ist wie ich 12 Jahre alt. Wir sind Zwillinge. Mein Bruder heißt Simon – und ich bin Magda. Die Lehrerinnen sagen „Magdalena“ zu mir, aber „Magda“ ist viel besser. Klingt irgendwie nach einer Fußballerin. Ich spiele nämlich leidenschaftlich gerne Fußball! Da wir Zwillinge sind, sehen wir uns total ähnlich. Zum Verwechseln ähnlich. Das ist gut so. Ich wollte sowieso immer lieber ein Junge sein und Simon ein Mädchen. Da ist im Bauch von Mama was verwechselt worden. Dass wir nicht zu unterscheiden sind, hat uns im Internat ganz schön oft genutzt. Bei den Hausaufgaben, beim Nachsitzen oder im Sport. Wir machen beide Musik, ich mit dem Schlagzeug und Simon mit dem Akkordeon. Wir spielen nicht nach Noten, ich trommle überall herum. Alles klingt, alles tönt. Ich will mir mal ein Schrotschlagwerk bauen. Alles zusammenschweißen, Blech, Rohre, Büchsen.

Klar, dass ich meine Schlagzeugstöcke mit auf die Reise nehmen wollte und Simon sein Akkordeon. Wir improvisieren immer zusammen. Ich schlage und kratze, auf Steine, Blech, Treppengeländer, Wände, und Simon lässt dazu sein Instrument schnaufen, quietschen, stöhnen und rauschen. Wenn ich dann die Augen schließe und er spielt, hör' ich das Meer rauschen und die Wellen an den Strand rollen.

Am 11. August legten wir unsere Route fest und errechneten, wie viel wir am Tag gehen müssten, um nach Koksijde zu kommen. Wenn wir sechs Stunden schafften, wären wir so in 35 Tagen dort. Am Meer. Bei Onkel Bart. Hoffentlich!

Am 12. August brachen wir auf. Ene mene muh und raus bist du, ich war mit dem Ziehen dran. Am Anfang war es ganz schön schwer, aber Simon spielte auf seinem Akkordeon – das machte es leichter.

Wir zogen auf dem Fahrradweg gen Westen. In Richtung Atlantik. Der Himmel war bedeckt, das ideale Wetter. Ein Abhauwetter! Wir sangen laut und ziemlich schräg „Hoch auf dem gelben Wagen". Weit konnten wir sehen, alles flach hier. Oder, wie Onkel Bart immer sagt, furzeben. „Wenn wir die Augen zusammenkneifen, können wir bestimmt bis zum Atlantik schauen", meinte mein Bruder. In der Ferne aber war nur ein Wald zu sehen, bald hatten wir ihn erreicht und bogen in einen Weg ein, der uns zu einem See führen sollte. Dort wollten wir die erste Pause machen. Aber wir sahen den See nicht. Wahrscheinlich vor lauter Bäumen. Der Waldweg gabelte sich, langsam wurde uns ein bisschen mulmig. Und jetzt begann es auch noch zu regnen.

Das fing ja gut an. Es regnete immer mehr. In der Ferne rollte der Donner. „Lass uns einen Unterschlupf suchen, meinte Simon.

Zwischen Bäumen und Gestrüpp entdeckten wir eine Ruine. „Vielleicht das Badehaus am See", rief ich übermütig und zog den Leiterwagen schnell hinter mir her. Das Gewitter kam immer näher. Krähen krächzten. Ein ferner Blitz erhellte den Wald.

Plötzlich trat aus der dunkelsten Ecke der Ruine eine Frau, gekleidet in unzählige Jacken, Mäntel, Hosen, Röcke und Tücher. Es blitzte und donnerte immer mehr, das Gewitter musste fast über uns sein. Die seltsame Frau starrte uns an. Sie schlurfte immer näher, ein beißender Geruch umgab sie, wie angewurzelt blieben wir stehen, dann lachte sie hysterisch, verharrte plötzlich und sang. Sie sang eine Arie. Die hatten wir doch gerade erst im Musikunterricht gehört! Aus „La Traviata", der Oper. Die Frau hatte eine Stimme wie eine Opernsängerin. Wie von der Tarantel gestochen sprang sie auf meinen Bruder zu, packte ihn am Armgelenk; Simon konnte sich losreißen und rannte schreiend weg. Ich sah noch das baumelnde Akkordeon auf seinem Rücken, dann war er verschwunden. Wo war er? Ein gellender Schrei war zu hören – „Magdaaaaa!" Mein Bruder, ihm musste etwas zugestoßen sein.

Ich lief um die Ruine, die Frau sang immer noch, es regnete in Strömen, „Simon, Simon!“, rief ich, ich suchte, ich stolperte über Steine und Äste, da hörte ich wieder „Maaaagda!“, ich rutschte auf den klitschnassen Steinen aus, konnte mich gerade noch an einem großen Farnbusch festhalten. Mit einem Fuß hing ich in einem Loch. Mein Herz schlug heftig, aus dem Loch kam ein „Magda, hilf mir“. Ich sah die seltsame Frau um die Ecke kommen, da riss der Farnbusch und ich purzelte in die Tiefe. Wie oft ich mich überschlug, weiß ich nicht, auf jeden Fall landete ich ziemlich unsanft im Matsch.

Ich tastete meine Jacken- und Hosentaschen ab, irgendwo hatte ich doch meine Taschenlampe hingesteckt. Da, in der hinteren Seitentasche. Und sie funktionierte noch! Der kleine Lichtkegel erhellte die Umgebung. Simon stand vor mir, über und über mit Schlamm bedeckt: „Wenn das jetzt Ebenbrecht sehen würde, der bekäme einen Anfall!“ Unser Schuldirektor ist ein absoluter Sauberkeitsfanatiker, kaum sieht er Dreck, zeigen sich auf seinem Gesicht rote Flecken.

Da, wo wir standen, lagen Holzbalken, zum Teil lehnten sie an der Wand. Zwischen Lehmklumpen schimmerte so etwas wie eine Eisenbahnschiene. Wo waren wir? Es tropfte von der Decke. „Simon, dreh dich mal um! Siehst du auch, was ich sehe?" Hinter ihm befand sich ein Gang. Ein mit Holzbalken abgestützter Gang. Vorsichtig stapften wir hinein. Niedrig war er. Trotz meiner Taschenlampe konnten wir nur ein bisschen nach vorne sehen. Ganz weit entfernt hörten wir die Arie. Wir wateten durch Schlamm, stolperten über Balken und Eisenbahnschienen, schlugen uns immer wieder unsere Köpfe an, tasteten uns vorwärts. Weiter, immer weiter. Irgendwohin musste der Gang ja führen. Vielleicht ein Bergwerkstollen? Ein Geheimgang? „Wir sind auf dem Weg zu den sieben Zwergen", flüsterte Simon geheimnisvoll. „Ja, zu Schneewittchen", meinte ich.

Wie lange wir schon gewatet waren, als Simon plötzlich nach vorne zeigte, weiß ich nicht. Ein Lichtschein von oben und eine Stahlleiter an der Wand: Wir schauten uns an, das war die Rettung. Hoffentlich!

Ich rüttelte an der Leiter, dann stieg ich hoch. Sprosse für Sprosse. Das Klettern kam mir unendlich vor; irgendwann hatte ich dann aber doch den Ausstieg erreicht. Ich stemmte mich heraus und stand in einer Halle, anscheinend einer Fabrikhalle, einer ziemlich großen Fabrikhalle mit riesigen Maschinen, die aussahen wie Schleifmaschinen von Riesen. Wahrscheinlich waren das Antriebsräder, schwarz und unheimlich zeichneten sie sich in der fahlen Dunkelheit ab. Und alles roch nach Staub, Rost und Kohlen. „Simon, komm hoch", rief ich. Bald saßen wir nebeneinander, an eine Maschine gelehnt. Frierend und hungrig. Nass und plötzlich auch sehr müde.

„Wir müssen einen trockenen Schlafplatz finden“, flüsterte ich Simon ins Ohr, der mit seinem Kopf an meine Schulter gesunken war und schlief. Vorsichtig weckte ich ihn. „Komm, Brüderchen, halt dich an mir fest.“ Träge bewegten wir uns durch die Halle. Das war keine Fabrik, die noch in Betrieb war, das musste ein Museum oder so etwas Ähnliches sein. Überall gab es Schilder, auf denen etwas stand, ich war aber zu müde zum Lesen.

Um uns ein bisschen Mut zu machen und auch, um die Angst zu verjagen, schlug ich immer wieder mit meinen Schlagzeugstöcken an Wände, Geländer, Schilder und Maschinen. Alles klang. Ziemlich toll klang es. Trotz Müdigkeit machte es sogar Spaß, dahin und dorthin zu schlagen.

Durch fahl erleuchtete Hallen schlurften wir, in den großen Fenstern sahen wir blutrot den Mond. Die Fabrik, die Maschinen, Hallen und Treppen zeichneten sich immer mehr im Mondlicht ab. Wir liefen über einen Gittersteg, unten sah ich eine Art Höhle. Ein idealer Schlafplatz, wir kletterten hinunter. Eng aneinander gedrückt lagen wir da und ich summte Simon ein Schlaflied, das einzige Schlaflied, das uns Onkel Bart vorgesungen hatte:

„Slaap Kindje slaap
Daar buiten loopt een Schaap
Een Schaap met witte voetjes
die drinkt zijn melk zo zoetjes
slaap Kindje slaap“

... und schlief selbst auch ein. Leider träumte ich überhaupt nicht vom Schlaraffenland oder einem großen Bett. Im Gegenteil, die seltsame Frau erschien mir singend und ich spielte Fußball auf einem Platz mit ganz vielen Wasserpfützen – in einer davon saß mein Bruder als Rotkäppchen verkleidet und faltete Papierschiffchen.

Bibbernd vor Kälte wachte ich auf. Mein Arm, den ich um meinen Bruder gelegt hatte, war eingeschlafen und schmerzte. Vorsichtig bewegte ich mich. Ich hatte Hunger, mein Magen knurrte. Ist schon gut, sagte ich zu meinem Bauch, ich geh' ja schon. Ach, jetzt Pfannkuchen mit Karamellsoße! Vorsichtig stand ich auf und schlich mich durch die dunkelgrauen Hallen. Ich pfiff ein bisschen, weil, naja … so allein in einer Fabrik und dann noch fast Vollmond. Wer hätte da nicht auch ein bisschen Angst?

Wo waren wir nur? Was war das hier? Eine Fabrik, klar. Eine ziemlich große. Vielleicht ein Fabrikmuseum? Oder eine Museumsfabrik? Aber was für eine? Ich roch Kohle, Kohlenstaub. Oder doch ein Bergwerk? Irgendwann stand ich draußen. Ich blickte nach oben in den Sternenhimmel, wie schön, da, der große Wagen … naja, was zum Essen wäre mir jetzt lieber gewesen. Das Einzige, was ich fand, war ein Birnbaum. Herr von Ribbeck auf Ribbeck im Havelland, ein Birnbaum in seinem Garten stand, fiel mir ein, als ich mir die Taschen mit den Früchten vollstopfte und drei mit Heißhunger verschlang. Jetzt aber schnell zu Simon zurück, der würde sich freuen. Birnen, sein Lieblingsobst!

Als ich gerade den Innenhof überquerte, fuhr ich zusammen. Über mir der Mond, daneben ein riesiger Schornstein, irgendwo klapperte ein Ventilator und an einer Wand sah ich einen riesigen Schatten. Ein Riese, der sich bewegte. Und aus einer Halle hörte ich Geigenspiel. Mein Herz klopfte, ich dachte sofort an die seltsame Frau. Die ist hier, die sucht Simon, weil er ihr entwichen ist. Ein Käuzchen schrie, plötzlich hörte ich es überall rascheln. Der Schatten bewegte sich immer schneller.

Ohne dass ich es wollte, befand ich mich mit einem Mal in einem hohen Raum, der vom Mondlicht leicht erhellt war. Eine Kerze flackerte auf der Fensterbank. Da, der Schatten! Der Raum war über und über voll mit kleinen Geräten, Werkbänken, Werkzeugen, anscheinend eine Werkstatt. Und mittendrin stand, den Rücken mir zugewandt, eine Gestalt und spielte Geige. Ich wollte wegrennen, es ging nicht. Ich starrte auf den Geiger und lauschte seinem Spiel. Das war doch die Melodie der Arie, die die seltsame Frau gesungen hatte. Als die Musik verklungen war, drehte sich die Gestalt um. Es war ein alter Mann. Er legte die Geige zur Seite, griff in eine Aktentasche und hielt mir ein belegtes Brötchen hin. „Iss, du hast Hunger, ich seh's dir an!" Hastig griff ich zu, verschlang fast die Hälfte, dachte gerade an meinen Bruder, ich muss ihm das Brötchen ... da reichte mir der Mann noch eines: „Sind noch mehr da!"

Er lächelte: „Bartholomäus mein Name, erster Geiger in der Brikettfabrik ‚Louise'." Ich starrte ihn an, er blickte sanft auf mich. „Magda", sagte ich und lächelte. „Oh, ich dachte ...", kam es zögernd von ihm. „Ich weiß, Sie dachten, ich sei ein Junge, macht nix", sagte ich und wollte ihn fragen, warum er hier Geige spiele und dann noch diese Melodie, als er meinte: „Ich frag' nicht, wer du bist, ich frag' nicht, woher du kommst, aber spiel' mit mir." – „Ich?" – „Ist da noch jemand?" Und dann fügte er lächelnd hinzu: „Hol ihn, dann sind wir ein Trio, er soll sein Akkordeon mitnehmen!"

Ich nickte ... aber woher wusste der Mann, dass ... Egal, ich holte meinen Bruder und wir spielten. Die Melodie der Arie. Warum mein Bruder sie ohne Üben fehlerfrei auf dem Akkordeon hinbekam, war mir ein weiteres Rätsel. Wir spielten, als wenn wir drei es schon seit Jahren getan hätten.

Der letzte Ton schwebte durch die Werkstatt. Bartholomäus legte seine Geige auf ein Tuch. „Ihr seid bestimmt neugierig, wo ihr euch hier befindet, oder?" Wir nickten eifrig. Er bat uns, Platz zu nehmen, schenkte uns Tee ein – und erzählte. Von der Fabrik, der ältesten noch erhaltenen Brikettfabrik Europas, und dass sie jetzt ein Museum sei, ein Besucherbergwerk, ein sehr wertvolles Denkmal, weil hier fast alles noch so stehe und funktioniere wie seit Anfangszeiten. Ganz ganz selten sei so etwas noch erhalten, so vollständig und funktionsfähig! Wir erinnerten uns: In der Nähe unseres Internats gab es eine alte Baumwollspinnerei – ohne Maschinen, denn da war jetzt eine Bibliothek 'drin.

Bartholomäus erzählte und erzählte, wie ein Wasserfall, er erzählte auch, warum er hier spielte. Hier in der Werkstatt habe er gearbeitet, er sei für die Wartung der Maschinen zuständig gewesen. Und, dass die Zukunft dieses Denkmals sehr ungewiss sei, weil ... Dort, wo er jetzt wohne, dürfe er nicht musizieren, das werde als Ruhestörung empfunden. Und dann sagte er, dass er seine Frau so vermisse, sie sei sehr krank gewesen, damals, und eines Tages ... Bartholomäus stockte, ein paar Tränen liefen über sein Gesicht, das so wunderschön viele Falten hatte. Bestimmt steckte in jeder Falte eine Geschichte. Bei dem Gedanken musste ich lächeln, dann will ich auch einmal so viele haben, sagte ich mir. Bartholomäus wischte sich die Tränen aus dem Gesicht: „Tja, ihr Lieben, das Leben, das Leben. Aber jetzt kommt mal mit!"

Er führte uns nach draußen über den Hof in eine breite Eingangshalle, eine schmale eiserne Treppe nach oben. Wir standen in einem großen Raum mit Maschinen. Das sei eine Schleudermühle, die Kohlezerkleinerungsanlage, erklärte uns Bartholomäus. Ich schlug ans Absperrgitter, es klang wunderbar. Es vibrierte. Bartholomäus trat mit uns ans Fenster, was für ein toller Ausblick; er zeigte auf einzelne Gebäudeteile und erklärte, was hier früher produziert worden war. „Tja", meinte er, „ich brauch den alten Kram, ohne ihn kann ich nicht leben. Das alles hier riecht so wunderbar. Nach Kohle, Rost, Staub. Zum Verlieben. Habt ihr schon einmal Rost geschmeckt, oder Kohle? Ein Genuss. Aber kommt, weiter geht's, sonst erzähl' ich euch noch Kochrezepte, Forelle blau mit leichtem Kohlestaub, mmmh." Bartholomäus lächelte. „Vielleicht sollte ich noch Koch werden".

Wir betraten ein einzeln stehendes Haus, stiegen die Treppe hoch und standen in einer kleinen Wohnung. „Die ist für euch, wenn ihr wollt, ruht euch aus. Wir werden musizieren, ja? Wir drei. Und Rost und Kohle schmecken! Schlaft gut!" Und dann fügte er unsicher hinzu: „Ich, ich habe bald, also, nicht ich, … meine Frau, … krank war sie, sehr krank, ist eines Tages in den Wald gegangen, sie müsse etwas suchen , sie sang, als sie ging, hat immer so schön gesungen, meine liebe … kam nicht wieder, gesucht haben wir sie, jetzt, bald hat sie Geburtstag – und ich möchte gerne, dass ihr mit mir für sie spielt. Wollt ihr so lange hierbleiben? Das wäre …", er lächelte und war verschwunden.

Ein paar Minuten später hörten wir wieder seine Geige, erneut die Melodie aus „La Traviata". Wir blickten uns an: Es war klar, wir blieben bis zum Geburtstag. Bald lagen wir in den Betten, schauten den Sonnenaufgang an und schliefen ein. Wir schliefen und schliefen und wachten auf, als die Sonne direkt auf uns schien und es uns unheimlich warm wurde.

Kurze Zeit später saßen wir mit Bartholomäus am Küchentisch. Zögernd fragte er uns zum ersten Mal, woher wir kämen und wohin wir gehen wollten. „Aber Herr Bartholomäus", sagte ich, „Sie haben doch gesagt: Ich frag nicht, wer du bist, ich frag nicht, woher du kommst, aber spiel mit mir …" Er grinste: „Naja, ich bin schon sehr neugierig – und außerdem war das gestern!" Daraufhin erzählten wir, abwechselnd, erst Simon und dann ich. Immer wieder schüttelte Bartholomäus den Kopf. „Mutig seid ihr, habt einen Willen und ein tolles Ziel. Ihr könnt so lange bleiben, wie ihr wollt, ihr könnt gehen, wann ihr wollt, vielleicht sehen wir uns ja wieder, irgendwo … aber bestimmt nicht hier, denn das hier, meine, unsere Fabrik wird es nicht mehr geben."

Bartholomäus griff nach der Geige und spielte. Ein trauriges Stück. „Wie, das soll es nicht mehr geben?", fragte Simon, ein Nutella-Brötchen kauend.

„Ach Kinder …“, meinte Bartholomäus. Ich unterbrach ihn: „Wir sind keine Kinder mehr!“ – „Oh, entschuldigt, du hast Recht. Das hier zu erhalten, kostet Geld, viel Geld und, hm … Ein reicher Geschäftsmann würde hier am liebsten ein Kongresshotel aus der Fabrik machen. Ein Kongresshotel mit eigenem Eisenbahnanschluss, einem Edelrestaurant, das dann bestimmt ‚Zum goldenen Knappen‘ heißen wird. Der bietet der Gemeinde und dem Land sehr viel Geld – und Geld verdirbt die Welt. Wir kosten doch nur, unsere Vergangenheit wird platt gemacht und saubere, staubfreie Zukunft zieht hier ein. Mit staubfreien, sauberen Menschen. Kennt ihr die ‚Geschichte vom Soldaten‘? Das herrliche Stück von Strawinsky? Da verführt der Teufel mit Geld.“ Theatralisch stand Bartholomäus auf und spielte uns die Szene vor. Er lockte uns Geige spielend aus der Wohnung, aus dem Haus, über das Gelände, in die Halle mit großen Geräten. Was für eine Akustik hier herrschte.

Die Geräte sahen wie Pizzaöfen aus. Das seien Trockenmaschinen für die Kohle gewesen, erklärte Bartholomäus. Er schaltete eine Maschine an, sie ratterte und schleifte und er geigte dazu und ich schlug mit meinen Stöcken überall hin, während Simon an seinem Akkordeon die verrücktesten Töne hervorzauberte. Die Musik trieb uns voran, wie herrlich, die Halle füllte sich mit Tönen, sie wirbelten und purzelbaumten durcheinander. Atemlos machten wir eine Pause. Simon stand vor mir und blickte glückselig einem Ton nach, der seinem Akkordeon entwichen war. „Schwesterchen, siehst du ihn auch, unser Glückston!“ Was hab’ ich nur für einen tollen Bruder, dachte ich mir und nickte. „Ja, unser Glückston.“ Da blitzte in seinen Augen etwas Sagenhaftes auf!

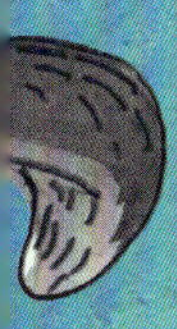

Es sprudelte aus Simon heraus, fast atemlos: „Wir machen ein riesiges Konzert, in allen Hallen, überall, die Fabrik soll tönen, schweben, Tausende von Leuten werden kommen und herumspazieren, lauschen, hören, das Fernsehen wird berichten, ganz viele Musiker und Musikerinnen werden spielen. So machen wir auf die Fabrik hier, auf das Museum und eure Arbeit aufmerksam. Und vielleicht können wir die Stadt, den Bürgermeister und alle überzeugen, dass wir es gemeinsam schaffen, das hier am Leben zu erhalten!“ Simon redete so schnell, dass seine Stimme sich überschlug. „Der Bürgermeister, der Landrat, alle werden sie begeistert sein. Bartholomäus, du holst all’ deine Freunde, die hier gearbeitet haben, und nachts werden wir üben, proben, ich sag’ dir, Magda, wir werden die Fabrik, das Museum, das alles hier retten. Wir machen hier eine Maschinenoper, alle Maschinen laufen, Chor, Musik, ach Magda – und wir beide werden alles dirigieren.“ Simon hüpfte herum. „Und ich sag’ dir, Mama und Papa werden richtig stolz auf uns sein!“ Bartholomäus strahlte, griff nach meinen Schlagzeugstöcken und trommelte einen immer lauter werdenden Wirbel aufs Geländer, brach ab und rief laut, dass die Halle bebte – so kam es mir auf jeden Fall vor: „Wir sind alt, ihr seid jung, zusammen sind wir unschlagbar!“

Von dem Tag an probten wir nachts in den Hallen. Ich schlug, kratzte, hämmerte auf allen Maschinen, Öfen, Förderbändern, Blechen, Stahltreppen, spannte Drahtseile und strich sie mit Geigenbögen; tiefe, brummende Töne flogen durch die Hallen. Simon ließ sein Akkordeon quietschen, schnaufen und stöhnen. Ließ Töne jeglicher Art entstehen, zauberte Wolken voller Klänge. Und Bartholomäus zupfte, strich und bearbeitete seine Geige. Dazwischen ratterten, lärmten und tönten die Maschinen. Eine herrliche Industriemusik. Jeden Abend kamen ehemalige Arbeiter und Arbeiterinnen, Freunde und Freundinnen dazu – alle wollten die alte Fabrik retten. Das Orchester wuchs und wuchs. Es gab auch einen Chor, der stöhnte, hauchte, wisperte, schrie und stampfte im Rhythmus der fauchenden Maschinen, die Schwungräder drehten sich, die Förderbänder ratterten, die Dampfmaschinen dampften, die Kettenbahn quietschte, die Lok pfiff, die Stahlseile surrten. Aus allem und mit allem machten wir Musik.

Auf Wunsch von Bartholomäus bauten wir die Arie aus „La Traviata" ein. Immer, wenn ich ihn fragte, warum er unbedingt diese Musik dabeihaben wolle, lächelte er. Es war ein sehr trauriges Lächeln – und er schwieg.

In der Umgebung sprach es sich immer mehr herum, dass es bald in der Brikettfabrik „Louise" ein ganz besonderes Konzert geben würde. Beim Proben gingen Simon und ich von Musikgruppe zu Musikgruppe, von Orchester zu Orchester, von Chor zu Chor und gaben Anweisungen und dirigierten, gaben Zeichen für Einsätze und betätigten die Schalter der Maschinen. Um von Einsatzort zu Einsatzort zu kommen, düsten wir auf klapprigen Fahrrädern durch die Hallen und übers Gelände. Nachts schrieben Simon und ich das Werk auf, mit Strichen, Dreiecken, Wellenlinien, Punkten, Kreisen. Wir hatten so etwas noch nie gemacht …

Am 19. August war es so weit. Auf Plakaten und auf allen Netzwerken im Internet hatten wir die „Brikettfabrikmaschinensymphonie für Chor, Maschinen, Orchester und Stahlseile" in der Brikethalle „Louise" angekündigt.

Wir warteten auf die Besucherinnen und Besucher. Und sie kamen in Strömen. Sie drängten sich alle in die große Maschinenhalle. Unsere Aufregung stieg. 19 Uhr! Ich musste das Publikum begrüßen. Meine erste Rede. Ich glaube, ich habe vor Aufregung ziemlich herumgestottert. Simon fand meine Worte „süß". Gott sei Dank sprach dann Bartholomäus. Er sagte nur kurz etwas, einen Dank an uns, dass es den heutigen Abend mit dem Werk nicht geben würde, wenn wir nicht unsere Idee in die Tat umgesetzt hätten, zum Onkel nach Koksijde an den Atlantik zu gehen – und in der „Louise" gestrandet wären! Bartholomäus blickte zu uns, wir beide waren ziemlich rot geworden. Nachdem er noch kurz den Ablauf erklärt hatte, fingen Simon und ich zu dirigieren an. Es klappte wunderbar, wir düsten von

Halle zu Halle, von Maschine zu Maschine, wir flogen fast, so glücklich waren wir. Das Publikum wandelte herum, lauschte, nahm hier Platz und da, beobachtete, klatschte, staunte und war ganz beglückt.

Kurz bevor ich im Pressenhaus den Einsatz für den Chor geben wollte, flüsterte mir Bartholomäus zu, dass der mögliche Käufer, der Bürgermeister und der Landrat auch in der Halle seien. Wie eine Wilde dirigierte ich, wartet nur, wir zeigen es euch, diese Fabrik bekommst du nur, lieber Investor, wenn du uns hilfst, das hier zu erhalten! Jawohl! Und sonst nicht! Der Chor brüllte, die Pressen stöhnten, das Akkordeonorchester jagte Töne in die Halle – da stockte mir der Atem.

Durch die Menge der Leute bahnte sich die seltsame Frau den Weg zu mir. Die Hexe, schoss es mir durch den Kopf, die Hexe will zu meinem Bruder. Das Publikum wich zurück, sie stieg zu mir hoch auf meine kleine Bühne. Die Frau schwankte, sie roch, nein, sie stank unsagbar, sie blickte mich mit seltsamen Augen an, wickelte sich Tücher um den Kopf, die sie in den Händen trug, öffnete ihren Mund und brüllte: „Das Feuer, das Feuer, mach ein Loch, die Seele will hinaus." Sie schnaufte heftig, das Publikum war irritiert, gehörte das zu dem Musikstück dazu? Dann hielt sie sich an mir fest und begann, die Arie aus „La Traviata" zu singen.

Eine Gänsehaut lief mir über Arme und Rücken, das Publikum lauschte ergriffen. Die Frau ließ mich los, ihre letzten Töne schwebten im Raum, sie drehte sich um und schlurfte los, in ihre unzähligen Klamotten gehüllt, sich schwerfällig bewegend, in einer Wolke aus beißendem Geruch, eine Mischung aus Unsauberkeit, Knoblauch und Rauch, schlurfte zu Bartholomäus, der wie versteinert an einer Säule stand.

Als sie bei ihm ankommt, sie wieder zu singen beginnt, sie ihn ansingt mit dieser tieftraurigen Arie, er „Elena" ruft, sie sich in die Arme fallen und gemeinsam die Arie fortsetzen – da muss ich ein bisschen weinen.

Es ist mucksmäuschenstill. Dann brandet Beifall auf, das Publikum tobt. Ich wische meine Tränen weg und dirigiere weiter. Die Musik breitet sich aus, zart, schmeichelnd. Wie eine fein gewebte Decke. Bartholomäus und Elena stehen da, eng umschlungen. Ich zittere vor Aufregung. Eine Klangwolke. Es geht auf den Höhepunkt zu, alle Maschinen rattern und quietschen und stöhnen, das ganze Gelände, alles scheint Musik zu sein. Mein Bruder steht neben mir, wir dirigieren gemeinsam die letzten Takte. Dann ist das Ende da, der lang gestrichene Ton des Stahlseiles. Das Publikum tobt, trampelt, pfeift.

Wir stehen auf dem Podest, verbeugen uns, strahlen überglücklich. Durch die Menge des Publikums kommt Bartholomäus mit Elena auf uns zu, Simon zwinkert mir zu und wir spielen für Elena ein herrlich schräges Geburtstagsständchen.

„Meine Elena", flüstert Bartholomäus, „meine Elena ist wieder da!" Wir stehen da, schweigend und glücklich. Da nimmt Bartholomäus ein bisschen Kohlenstaub: „Probiert mal!" Und wir probieren Kohlenstaub und Rost mit der Zunge. Es schmeckt nach Fabrik. Nach großer alter Fabrik.

„Wäre schon schön gewesen, wenn Mama und Papa da gewesen wären", sagte Simon später. „Konnten sie ja nicht, wir hatten es ihnen doch nicht gesagt!", tröstete ich ihn. „Stimmt, aber schreiben werden wir es ihnen, ja?", meinte Simon und ich nickte ihm zu: „Versprochen!"

Drei Tage nach dem Konzert sind wir abgereist. Es war ein trauriger, aber auch schöner Abschied. Besonders als der Bürgermeister kam und allen mitteilte, dass die Gemeinde beschlossen habe, die Fabrik, das Gelände, dieses Industriedenkmal zu erwerben und alles dem Verein Brikettfabrik zu übergeben. Es sei wichtig, die Anlage zu erhalten, damit alle sehen und erfahren und erleben könnten, wie früher Brikett hergestellt wurde. Denn nur, wenn wir mit unserer Vergangenheit sorgfältig umgingen, könnten wir Zukunft bauen. Und dann überreichte der Bürgermeister einen Scheck, die Spende eines unbekannten Gönners. Zur Renovierung und Restaurierung der Maschinen! Er sei so glücklich über das Konzert gewesen. Eigentlich müsste er uns … naja, ihr wisst schon, minderjährig und so, aber in Koksijde, da warte eine Überraschung auf uns! Simon und ich verdrehten die Augen: Ach, die Erwachsenen, und wer holt die Kohlen aus dem Feuer – wir Kinder!

Zum Abschied bekamen wir ein Glas Kohlenstaub und ein Glas Rost geschenkt. „Zum Nachwürzen vom Fisch", meinte Bartholomäus.

Bequem wurden wir nach Koksijde gefahren, rochen immer mehr das Meer – und waren die glücklichsten Kinder, als wir dort ankamen, denn auf der Terrasse saßen neben Onkel Bart und seiner Freundin Hanneke Mama und Papa!

Wenig später standen wir alle Arm in Arm nebeneinander und schauten aufs Meer hinaus. „Das riecht und schmeckt heute ganz besonders", sagte ich und drückte Mama und Papa an mich, zwinkerte Simon zu. Wir streckten die Zunge 'raus. Und schmeckten Meer mit Kohle- und Rostgeschmack.

Die Entstehung der Braunkohle und die Brikettfabrik „Louise“

Texte von Steffi Bröckerbaum

Was ist eigentlich Braunkohle?

Braunkohle ist ein natürlicher Brennstoff und hat eine braune bis schwarze Farbe. Sie sieht auf den ersten Blick wie ein Erdklumpen aus, kann aber auch eine holzartige Struktur haben. Die Entstehung der Braunkohle dauerte viele Millionen Jahre.

Wie entstand Braunkohle überhaupt?

Urwälder waren überall – auch in der Lausitz

Die Lausitz ist ein Gebiet im Osten Deutschlands und reicht bis nach Polen. Hier entstand, wie auch in anderen Regionen auf der Erde, in einem Zeitraum von vielen Millionen Jahren Braunkohle. Dieses Zeitalter begann ungefähr vor 65 Millionen Jahren und wird von Wissenschaftler als Tertiär bezeichnet. Die Epoche dauerte sehr lange und endete erst vor gut 2,5 Millionen Jahren. Schon zu Beginn des Tertiärs waren die Dinosaurier ausgestorben, Menschen gab es zu dieser Zeit noch nicht. In diesem Zeitraum entwickelte sich aber die Tier- und Pflanzenwelt, die wir heute kennen. Das Klima war damals viel feuchter und wärmer als heute. Riesige Sumpfwälder und Moore erstreckten sich über weite Teile der Landschaft. Das tropische Klima ermöglichte es, dass Pflanzen und Bäume üppig wuchsen und wucherten. Das Holz dieser Bäume war die Grundlage für die Entstehung der Braunkohle.

Die Entstehung der Braunkohle begann vor ungefähr

65

Millionen Jahren im Tertiär.

Unter Wasser entstand Torf
In der Lausitz entstand die Braunkohle in einem bestimmten Zeitabschnitt des Tertiärs. Dieser begann vor 45 Millionen Jahren. Starben damals Pflanzen und Bäume ab, fielen sie um und versanken im Moor. Sie lagen dann unter Wasser, ohne Sauerstoffzufuhr. Bakterien zersetzten die Pflanzenreste. So entstand Torf. Dieser Torf bildete die erste Stufe auf dem Weg zur Entstehung der Braunkohle.

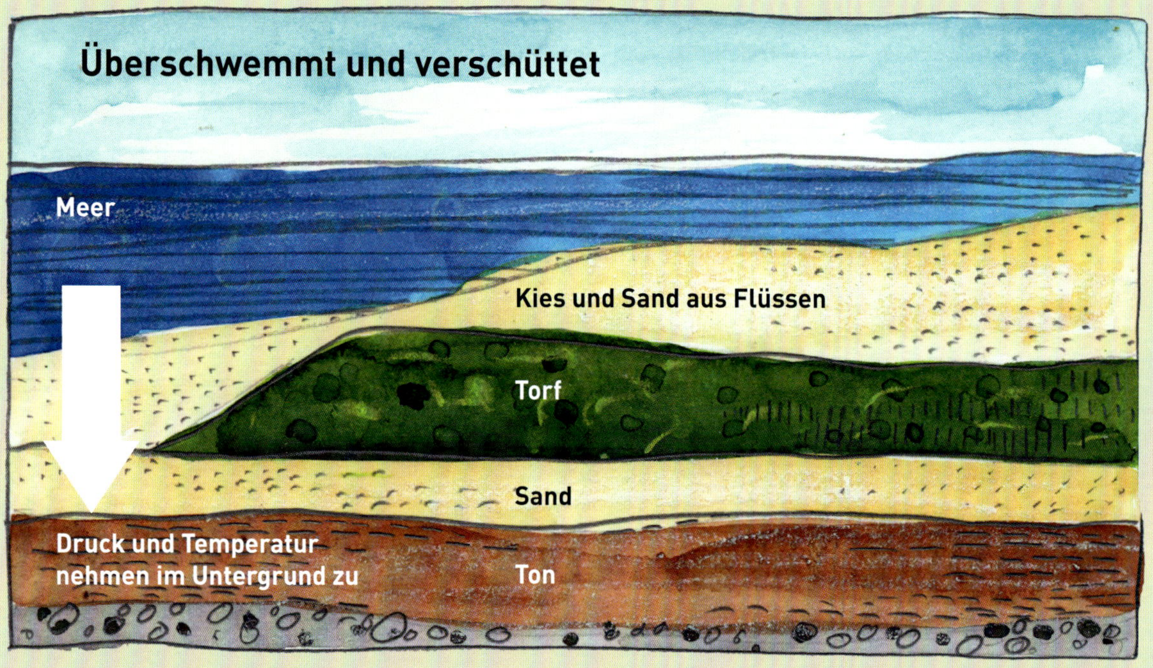

Sand und Steine lagerten sich ab
Als der Meeresspiegel stark anstieg, wurden auch die Moorwälder mit dem darunter befindlichen Torf überflutet. Auf der Torfschicht, die nun oft den Meeresboden bildete, lagerten sich Steine und Sand ab. Dabei entstand auch Ton. Nach einiger Zeit lag eine meterhoche Schicht über dem Torf.

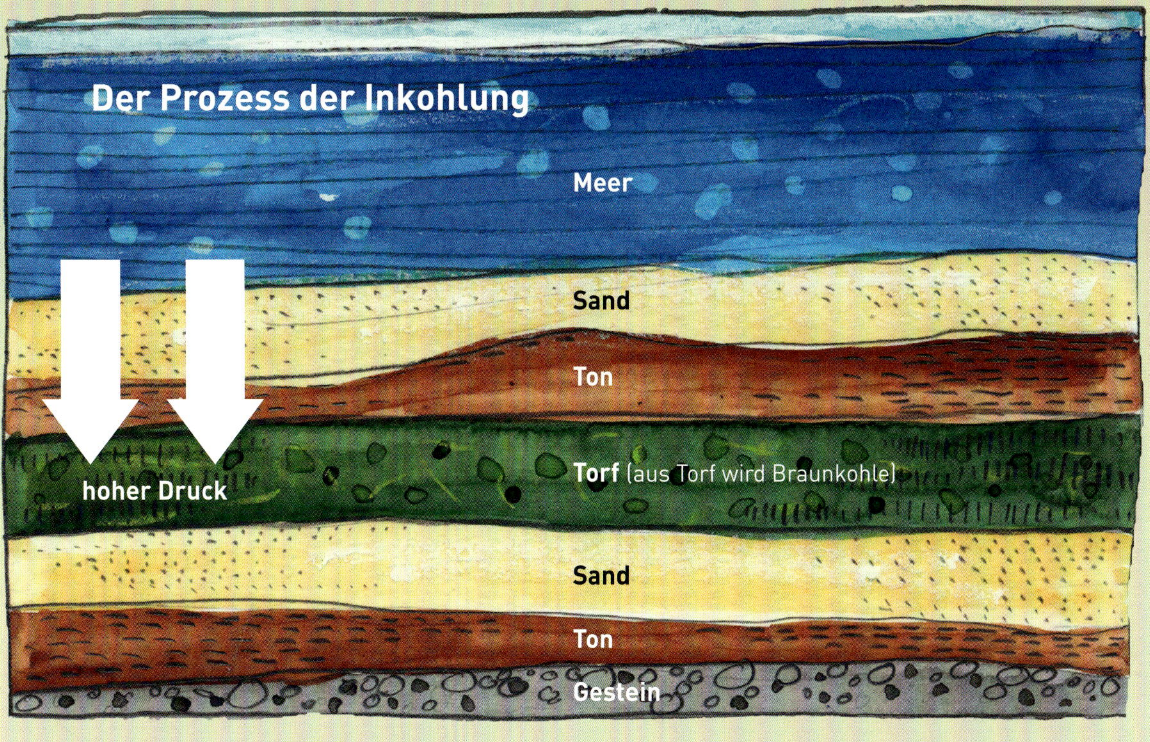

Durch Druck wurde aus Torf Braunkohle

Meerwasser, Sand und Steine hatten ein großes Gewicht. Dieses drückte über eine sehr lange Zeit auf den Boden und presste die Torfschicht zusammen. Durch die Verdichtung entstand aus Torf Braunkohle. Dieser Prozess, die zweite Stufe der Entstehung der Braunkohle, wird von Fachleuten als Inkohlung bezeichnet.

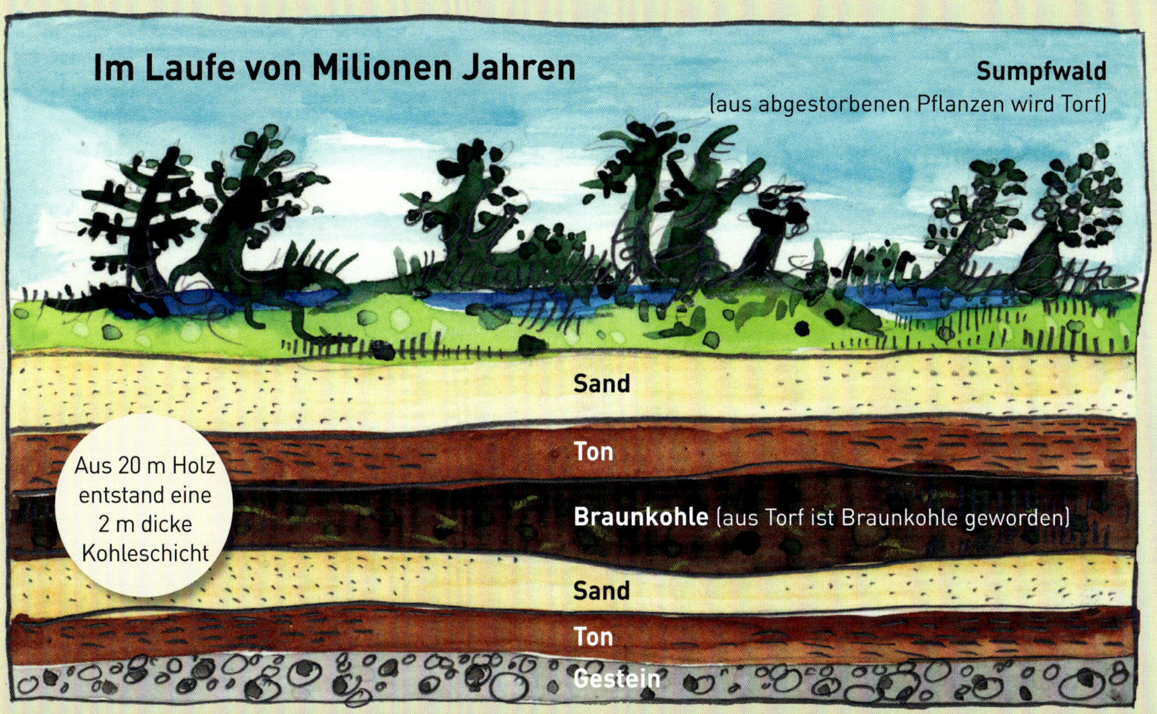

Es bildeten sich viele Schichten

Im Laufe von Millionen Jahren wiederholte sich dieser Prozess mehrmals: Absinken des Meeresspiegels und damit das Zurückgehen des Wassers, Wachsen von Bäumen und anderen Pflanzen, feucht-warmes Klima, entstehender Sumpfwald, absterbende, ins Moor fallende Pflanzen, sich bildender Torf, Überschwemmung durch das Meer, Entstehung der Schicht aus Sand und Steinen, Pressung des Bodens und dadurch Bildung einer neuen Schicht Braunkohle. So entstanden in der Lausitz vier übereinanderliegende Braunkohleschichten. Diese werden auch Flöze genannt. Zwischen den Flözen befinden sich verschiedene Erd- oder Sandschichten. Die obersten Schichten der Braunkohle sind etwa 5 Millionen Jahre alt.

Eiszeiten und Warmzeiten

Warmzeiten und Eiszeiten wechselten sich ab. In den Eiszeiten wälzten sich gigantische Gletscher über das Land. Die Eismassen verschoben Steine und Erdmassen. Sie konnten sogar Berge abschleifen. Das Gewicht von Erde und Eismassen presste die Braunkohle nochmals zusammen. In den Warmzeiten schmolzen die Gletscher und gaben die veränderte Landschaft frei. So entstanden Hügel, große Schotterflächen, Flüsse, Seen – und auch die Ostsee.

Menschen siedelten sich an

Als vor etwa 10 000 Jahren die letzte Eiszeit vorbei war und das Klima wieder wärmer wurde, begannen erneut Bäume und Pflanzen zu wachsen. Nun zogen auch Menschen durch die großen Waldgebiete der Lausitz. Sie lebten vom Jagen sowie dem Sammeln von Waldfrüchten. Erste Dörfer und Siedlungen entstanden vor etwa 5 000 Jahren. Die Menschen betrieben Ackerbau. Sie waren noch stärker vom Wetter abhängig als wir heute.

Erst im Mittelalter, also vor ungefähr **1000** Jahren, entstanden die ersten Städte in der Lausitz.

Sie veränderten die Landschaft
Die ersten Städte in der Lausitz entstanden im Mittelalter, vor ungefähr 1000 Jahren. Die Menschen begannen die Landschaft zu verändern. Sie holzten Teile der großen Waldgebiete ab. So gewannen sie Land für ihre Siedlungen. Auf den freien Flächen wurden Felder für den Ackerbau angelegt. Die gefällten Bäume verwendeten die Menschen vor allem zum Bauen.

Holz zur Wärmegewinnung
Zum Heizen und Kochen nutzten die Menschen ebenfalls Holz. Dafür sammelten sie vor allem Äste im Wald. Gab es wenig gesammeltes Holz, verheizten sie unter anderem den getrockneten Kot von Tieren, zum Beispiel Kuhfladen. Natürliche Energien wie Wind, Wasser und Sonne nutzte man zum Antreiben von Wind- und Wasserrädern oder dem Trocknen von Nahrung und Fellen.

Wie wurde die Braunkohle entdeckt?

Braunkohle konnte man vom Boden aufheben
Die oberste Braunkohleschicht befand sich nicht sehr tief unter der Erdoberfläche. Vereinzelt lagen auch Braunkohlebrocken auf dem Erdboden oder im Gras. Diese waren von Sonne und Luft getrocknet und brannten gut. Manchmal entzündete sich die Braunkohle selbst, zum Beispiel wenn Blitze einschlugen. Die Menschen sahen dann brennende Erde. Sie erkannten nicht, dass es die Braunkohle war, die so gut brannte. Es dauerte noch sehr lange, bis die Menschen am Ende des 18. Jahrhunderts Kohle als Brennmaterial entdeckten und nutzten.

Braunkohle entdeckte man in Gruben
Zunehmend verwendeten die Menschen Ziegel zum Bauen. Sie benötigten viel Ton, um Ziegel herstellen zu können. Man begann, Löcher in die Erde zu graben und den Ton herauszuschaufeln. Dabei entdeckte man einige Meter unter dem Ton die Braunkohle. Die Betreiber von Glashütten mussten gleichfalls graben, um an den Sand heranzukommen, den sie zum Herstellen des Glases benötigten. Auch sie stießen auf Braunkohle.

Braunkohle wurde in kleinen Mengen abgebaut
Ziegeleien und Glashütten nutzen deshalb zuerst die Braunkohle als Brennstoff. Vor ungefähr 200 Jahren begannen sie, gezielt die Braunkohle in ihren Gruben abzubauen. Diese Rohbraunkohle brannte aber schlecht und qualmte stark. Sie war noch sehr feucht. Erst nach dem Trocknen konnte sie richtig verwendet werden. Das Trocknen war aufwändig. Die Menschen beheizten deshalb ihre Hütten oder Häuser meist weiterhin mit Holz und Torf.

Das Industriezeitalter – die Menschen brauchten viel Brennmaterial

Im Laufe des 19. Jahrhunderts entstanden viele Fabriken, vor allem in den Städten. Die Menschen verließen ihre Dörfer, um dort zu arbeiten. Immer mehr Brennmaterial wurde benötigt. Das vorhandene Holz reichte dafür nicht aus. Braunkohle stand dagegen in großen Mengen zur Verfügung. Zunehmend wurde sie als Brennstoff verwendet.

Ab etwa **1800** begann das Industriezeitalter.

Die Tuchstadt Forst, Gemälde von Karl Behr, um 1927

Herstellung von Ziegeln
Viele neue Fabrikgebäude mussten errichtet werden. Ebenso benötigten die Arbeiter und ihre Familien Wohnhäuser. Aber auch Bahnhöfe, Kirchen und Schulen wurden gebraucht. Wegen der Brandgefahr war das Bauen von Holz- und Fachwerkhäusern verboten, nur noch Gebäude aus Steinen waren erlaubt. Die Ziegeleien brannten deshalb Millionen von Ziegeln. Große Mengen Braunkohle waren dafür nötig.

Gaslaterne in Berlin

Beleuchtung und Kochen
In den Gaswerken wurde aus Kohle Leuchtgas produziert. In speziellen Anlagen verbrannte die Braunkohle bei wenig Luftzufuhr. So entstand Gas. Über Rohrleitungen gelangte es zu den Gaslaternen in den Straßen. Auch in den Häusern gab es Gasbeleuchtung. Wer es sich leisten konnte, hatte in der Küche einen Gasherd zum Kochen.

Dampfmaschinen
In großen Fabrikhallen standen für die Produktion viele Maschinen, die über Riemen von einer großen Dampfmaschine angetrieben wurden. Diese lief viele Stunden am Tag und musste mit ausreichend Kohle beheizt werden. Dampfmaschinen wurden zu dieser Zeit überall gebraucht. Selbst in Lokomotiven und Schiffen waren sie zu finden. Also war auch der Bedarf an Braunkohle sehr groß.

Selketalbahn im Harz

Kochmaschine, um 1920

Kachelofen, 2. Hälfte des 19. Jahrhunderts

Heizen
Auch die Wohnungen erhielten nun Öfen, welche mit Kohle beheizt werden konnten. Einfache Leute hatten Öfen aus Eisen.
In den Wohnungen der Reicheren standen gemauerte Kachelöfen. Diese waren so gebaut, dass sie die Wärme speichern konnten und sie dann langsam an den Raum abgaben. So war man länger gegen Kälte geschützt.
In vielen Haushalten gab es auch in der Küche einen Kohleofen. Dieser diente zum Kochen und wärmte gleichzeitig den Raum. Diese Küchenöfen hießen Kochmaschinen.

Strom
Mit Braunkohle wurde auch Strom produziert. Man beheizte große Wasserkessel und erzeugte dadurch Dampf. Der strömte durch Rohre zu einer Turbine und brachte sie zum schnellen Drehen. Auf diese Weise war es möglich, mit ihr einen Generator anzutreiben. Dieser wiederum produzierte den Strom. Auch heute wird noch Strom aus Braunkohle in Braunkohlekraftwerken erzeugt.

Benzin, Koks
Aus Braunkohle konnte auch Benzin hergestellt werden. Ebenso wurde sie zu Koks verarbeitet. Koks erzeugt beim Verbrennen eine sehr große Hitze. Man benötigte ihn zum Schmelzen von Eisen.

Wie wird Braunkohle in großen Mengen abgebaut?

Tagebau Jänschwalde

Abbau unter Tage

Als die Braunkohle aus den Ton- und Sandgruben nicht mehr ausreichte, musste ein Weg gefunden werden, Braunkohle in größeren Mengen abzubauen. Die Menschen gruben Gänge in die Erde. Diese unterirdischen Gänge heißen auch Stollen. Hier wurde die Braunkohle mit Schaufeln und Hacken abgegraben.

Da es in den Stollen kein Tageslicht gab, nannte und nennt man diese Methode auch Abbau unter Tage. Es war jedoch schwierig, auf diese Weise genügend Braunkohle abzubauen. Eine bessere Methode wurde benötigt.

Abbau im Tagebau

Der neue Weg war, die Erde über der obersten Kohleschicht wegzuräumen. Oft mussten dabei 10 bis 20 Meter Erde abgetragen werden, manchmal auch mehr. Dann lag die Braunkohle frei und konnte abgebaut werden. Diese Methode wird als Tagebau bezeichnet. Zunächst geschah der Abbau noch in Handarbeit mit Hacke und Schaufel. So konnte man aber nicht genügend Kohle fördern. Bagger übernahmen die Arbeit. Später kamen immer größere und bessere Maschinen zum Einsatz, wie Schaufelradbagger und Förderbrücken. Mit dieser Technik war es leicht, das Erdreich wegzuräumen. So konnte ausreichend Braunkohle abgebaut werden.

So stellt man Briketts her

Aus Braunkohle werden Briketts
Die Klumpen der Rohbraunkohle enthalten viel Wasser und haben einen schlechten Heizwert. Sie müssen erst zu einem guten Brennstoff verarbeitet werden. Deshalb entwickelten die Menschen ein Verfahren, um aus Rohbraunkohle Briketts herzustellen. Briketts sind handliche Stücke, die wie Kohlesteine aussehen. Sie werden in einer Brikettfabrik produziert.

Rohkohle, kommt direkt aus dem Tagebau
Die unverarbeitete Kohle (Rohkohle) wurden in großen Klumpen am Kohlebunker der Brikettfabrik angeliefert. Zuerst sortierten Arbeiter Holzstücke und Metall aus. Dabei prüften sie auch die Qualität der Kohle.

Grobkohle, ist grob zerkleinert
Anschließend zertrümmerte eine Maschine die Braunkohle zu groben Brocken. Aus Rohkohle entstand auf diese Weise Grobkohle. Ein Förderband transportierte sie zum ersten Sieb, auf dem die großen Brocken von schlechterer Qualität liegen blieben. Von dort gelangte sie über Förderbänder ins Kesselhaus. Die kleineren Brocken, die durch das Sieb gefallen waren, wurden zu den Schleudermühlen transportiert. Diese drehten sich schnell und zerkleinerten die Kohle. Anschließend fiel die zermahlene Kohle durch mehrere Siebe. Grobe Brocken blieben wieder auf dem Sieb liegen. Sie waren für das Kesselhaus bestimmt.

Im Laufe der Verarbeitung wird die Braunkohle unterschiedlich bezeichnet.

Kesselkohle zur Dampferzeugung
Die Braunkohlebrocken für das Kesselhaus bezeichnete man nun als Kesselkohle. Im Kesselhaus standen große Öfen. Hier verbrannte man die Kesselkohle und beheizte auf diese Weise große Wasserkessel. Es entstand viel Dampf. Durch Rohre gelangte dieser zur Turbine und dem Generator. Der Generator erzeugte Strom, der schließlich zur Beleuchtung der Gebäude und für den Antrieb der Maschinen diente. In der Brikettfabrik wurde also auch Kohle genutzt, die keine gute Qualität hatte. So gab es sogar eine eigene Energieversorgung.

Feinkohle, fein gemahlene Körnchen
Zurück zu den Sieben an den Schleudermühlen. Die feinen Körnchen der Braunkohle, die durch alle Siebe gefallen waren, nannte man nun Feinkohle. Förderbänder transportierten sie zu den Trockenöfen. Dort entzog man der Braunkohle das Wasser, die Kohlekörnchen waren nun getrocknet. Da sie bei der Trocknung sehr heiß wurden, mussten sie gekühlt werden.

Brikett, gepresste Feinkohle
Nach der Kühlung gelangte die Feinkohle zu den Brikettpressen. Hier wurden aus den Kohlekörnchen Briketts gepresst. Anschließend verlud man die Briketts in Güterzüge und transportierte sie in die Städte und Fabriken.

Das Herstellen der Briketts hat eine Menge Vorteile.
- Auch der Kohlestaub kann verarbeitet werden, er wäre sonst nur Abfall.
- Braunkohlebriketts lassen sich durch ihre Form gut stapeln und transportieren.
- Beim Verbrennen können Briketts viel mehr Hitze erzeugen als unverarbeitete Braunkohle.

Die Brikettfabrik „Louise“

Das Direktorenhaus (rechts) und im Vordergrund der Gleisanschluss nach Beutersitz, um 1901

Wie kam die Fabrik zu ihrem Namen?
Im Industriezeitalter entstanden in der Lausitz viele Kohlestollen. Direkt am Stollen wurden auch die Brikettfabriken gebaut. So war es ebenfalls bei der Brikettfabrik in Domsdorf.
Sie entstand an der Grube „Louise“, die ihren Namen vermutlich nach der Ehefrau oder Tochter des Besitzers erhielt. Das sollte Glück bringen. 1882 wurde die Fabrik mit demselben Namen eingeweiht. Ihr erster Grubendirektor war ein Herr Schmidtsdorf.

„Louise“ wächst
Am Anfang gab es in der „Louise“ nur wenige Maschinen. Die Fabrik hatte zunächst nur zwei Brikettpressen.
Alle Maschinen wurden als Dampfmaschinen betrieben. Es gab noch keinen Strom und auch keine Förderbänder. Die Kohle transportierte man in kleinen Wagen. Diese hießen auch Loren oder Hunte. Sie wurden von Menschen geschoben oder gezogen.

Später erfolgte der Abbau im Tagebau. Die Braunkohle kam nun mit einer Seilbahn zur Fabrik. Nach einigen Jahren erfolgte der Transport mit Güterzügen. Nach und nach erhielt die Brikettfabrik immer mehr Maschinen. Neue Gebäude entstanden. Seit 1908 erzeugte ein Generator elektrischen Strom für die Fabrik. Natürlich war es in der „Louise“ auch sehr staubig. Deshalb gab es Geräte, um den Staub zu verringern.

Das wahrscheinlich älteste Foto der Brikettfabrik „Louise“ von 1882

Direktor Hauenstein (Mitte) und das Leitungspersonal der Brikettfabrik „Louise“, um 1905

Direktor Lotz (Mitte) und das Personal, um 1918

So sieht die Brikettfabrik „Louise“ heute aus

Die Brikettfabrik hat viele Gebäude. In einigen stehen Maschinen zur Briketttherstellung.

1. Im Kohlebunker wird die Rohkohle angeliefert.
2. Ein schräges Förderband sorgt für den Transport.
3. Im Obergeschoss vom Pumpenhaus befindet sich das erste Sieb.
4. Das Pressenhaus 2 birgt im oberen Bereich die Schleudermühlen und weitere Siebe.
5. Im Kesselhaus wird der Dampf erzeugt.
6. Im Trockendienst stehen die Trockner.
7. Im Kühlhaus wird die heiße getrocknete Kohle abgekühlt.
8. Im Pressenhaus 1 werden die Briketts gepresst.
9. Auch im Erdgeschoss des Pressenhauses 2 stehen Brikettpressen.
10. In der Kraftwerkshalle stehen Turbine und Generator für die Stromerzeugung.

Das Ende von „Louise"?
1992 wurde die Brikettfabrik „Louise" geschlossen, alle Maschinen standen nun still. Die Menschen brauchten kaum noch Briketts. Dampfmaschinen gab es schon lange nicht mehr. Seit der Erfindung der Elektrizität trieben Elektromotoren die Maschinen an. Immer weniger Menschen wollten mit Kohleöfen heizen. In ihren Wohnungen und Häusern ließen sie stattdessen moderne und sauberere Gas-, Öl- oder Elektroheizungen einbauen.

Die Brikettfabrik „Louise" wird ein Denkmal
Die Schließung bedeutete das Ende der Brikettfabrik. Sie war dem Verfall preisgegeben. Um dies zu verhindern, stellte man die komplette Fabrik mit allen Gebäuden, Anlagen und Maschinen unter Denkmalschutz. So wurde die „Louise" ein technisches Denkmal. Sie bleibt damit als Zeugnis der Technikgeschichte erhalten und ist ein lebendiges Beispiel für eine Epoche, die heute vergangen ist.

Wie wird aus dem Denkmal Brikettfabrik „Louise“ ein Museum?
Herrn Bartholomäus und andere ehemalige Beschäftigte der Fabrik machten sich Sorgen: Die Menschen könnten vergessen, wie man Briketts herstellt und wofür man sie braucht. Deshalb planten sie, aus der „Louise“ ein Museum zu machen.

Das ist Herr Bartholomäus in der Turbinenhalle.

Sie gründeten einen Verein, reparierten Maschinen und Gebäude, räumten auf und erforschten die Geschichte der Fabrik. Schautafeln wurden aufgestellt und Besuchertoiletten gebaut. Dabei gab es finanzielle Unterstützung. Fachleute – Denkmalpfleger, Bauforscher und Restauratoren – begleiteten die Arbeiten, standen mit ihrem Wissen und ihren Erfahrungen beratend zur Seite. Die Brikettfabrik „Louise" wandelte sich in ein Museum. Dort können wir heute wieder erleben, wie aus Braunkohleklumpen Briketts entstehen. Und es gibt noch mehr Spannendes: In der Transformatorenhalle finden Konzerte statt, es gibt Feste, Kurse und Führungen für Kinder und Erwachsene.

Das Rauchen
in den Fabrikräumen
ist bei
sofortiger Entlassung
verboten.
Dass eine komplette Fabrik, mit allen funktionierenden Maschinen, ein Denkmal und ein Museum wird, ist etwas ganz Besonderes.
Gefördert durch die
DEUTSCHE STIFTUNG
DENKMALSCHUTZ

Die Nutzung der Braunkohle hat viele Nachteile

Für den Abbau im Tagebau müssen heute Erdmassen von riesigen Flächen weggeräumt werden. Nur so kann man große Mengen Braunkohle abbauen. Viele Ortschaften werden abgerissen, um an die Braunkohle unter den Häusern heranzukommen. Auch wichtige Kulturdenkmale gehen dabei verloren. Große Wälder, Wiesen und Felder werden durch den Tagebau zerstört. Menschen und Tiere müssen ihre Heimat verlassen. Die Gegend sieht dann für viele Jahre wie eine Wüste aus. Übrig bleiben da, wo die Braunkohle entnommen wurde, gigantische Erdlöcher. Um diese aufzufüllen, ist nicht genügend Erde vorhanden.

Auch wenn es nicht einfach ist: Die Menschen möchten die verwüsteten Gebiete wieder schöner gestalten. Sie fluten die Tagebaulöcher mit Wasser. So entstehen nach einigen Jahren große Seen, in denen man auch baden kann. Unzählige neue Bäume werden gepflanzt, die sich später zu Wäldern entwickeln. Tiere und Pflanzen siedeln sich an. Langsam bildet sich eine neue Landschaft. Bis es so weit ist, vergehen aber sehr viele Jahre.

Die heutigen Braunkohlekraftwerke nutzen Rohbraunkohle, um Strom zu erzeugen. Dabei entsteht auch Wärme, mit der man Wasser erhitzt. Dieses warme Wasser wird über lange Rohrleitungen in viele Häuser geleitet und dient dort zum Heizen. Der Fachbegriff hierfür ist Fernwärme.
Durch das Verbrennen der Braunkohle werden aber auch Gase freigesetzt. Sie schaden dem Menschen und der Umwelt. Die Gase sind ein Grund für die Erderwärmung und den Klimawandel.

Die Brikettherstellung ist nicht umweltfreundlich.

Heute gibt es kaum noch Brikettfabriken. Nur wenige Menschen benötigen Briketts und die Herstellung ist teuer. Es muss viel Energie zum Trocknen der feuchten Rohbraunkohle eingesetzt werden. Das ist nicht umweltfreundlich.

Kohlekraftwerk Jänschwalde

Energie gestern – heute – morgen

Vor dem Industriezeitalter nutzten die Menschen natürliche Energien wie Wind, Wasser und Sonne. Damit waren sie vom Wetter abhängig.

Seit dem Beginn des Industriezeitalters wird Energie an jedem Tag und zu jeder Zeit gebraucht. So wurde Braunkohle zum begehrten Brennstoff und machte die Menschen unabhängiger von Jahreszeiten und vom Wetter. Der Einsatz von Braunkohle bedeutete einst also einen großen Fortschritt. Dadurch konnten die Menschen bequemer leben. Auch unser heutiger Wohlstand ist durch die Industrialisierung und die Nutzung der Kohle erst möglich geworden.

Heute wissen wir, dass der Abbau, die Verarbeitung und die Verwendung der Braunkohle umweltschädlich sind. Wir wollen unsere Umwelt nicht weiter zerstören. Deshalb gewinnen wir unsere Energie wieder vermehrt aus Wind, Wasser und Sonne. Aufgrund neuer Technik können wir die Naturenergien besser nutzen. In Zukunft werden sicher weitere neue Energiequellen entdeckt, die wir heute noch gar nicht kennen. Die Forscher arbeiten daran.

Quellen- und Abbildungsverzeichnis:

Archiv der Brikettfabrik „Louise“: S. 40, 41
Dr. Matthias Baxmann: S. 33, 34, 35, 36, 46, 47
Steffi Bröckerbaum: S. 26, 42, 43, 44,
Fotolia: S. 34, 47
Sylvia Graupner: sämtliche Zeichnungen, S. 42, 44
Steffi Kassler: S. 35, 41, 44, 45

Autoren:

Thomas J. Hauck (Geschichte)
ist Autor, Filmemacher, Schauspieler und Regisseur. Sein Atelier befindet sich in der kleinen Stadt Wissembourg in Frankreich, er lebt aber eher auf der MS Rosendaehl, ist Stadtstrawanzler, Meerwellentänzer, Caramellbonbonerist und Apfelstrudelgenießer.

Steffi Bröckerbaum (Wissensteil)
ist studierte Pädagogin, Restauratorin und Denkmalpflegerin. Sie liebt alte Gebäude und setzt sich dafür ein, dass sie erhalten werden. In ihrer Kindheit hat sie mit ihren Eltern in einer Wohnung mit Küchenofen, Badeofen und Kachelöfen gewohnt und diese auch selbst geheizt.

Sylvia Graupner (Illustrationen)
arbeitet freiberuflich und mit viel Freude für verschiedene Kinderbuch- und Schulbuchverlage. Einige von ihr illustrierte Bücher sind bereits in mehreren Sprachen erschienen.

Wissenschaftliche Beratung:

Dr. Matthias Baxmann
hat schon als Kind gern Mosaik-Comics gelesen und so seine Leidenschaft für vergangene Zeiten und die Technik entdeckt. Später studierte er Geschichte und ist heute ein erfahrener Experte für Geschichte der Technik und Industriekultur. Als Denkmalpfleger im Brandenburgischen Landesamt für Denkmalpflege und Archäologischen Landesmuseum hat er schon viele technische Denkmale erforscht und zahlreiche Bücher geschrieben.

Liebe Leserin, lieber Leser, wie hat Ihnen die Lektüre gefallen? Wir freuen uns über Ihre Bewertung im Internet!

Die Deutsche Nationalbibliothek verzeichnet diese Publikation in der Deutschen Nationalbibliografie;
detaillierte bibliografische Daten sind im Internet über http://dnb.de abrufbar.

Lagerstraße 7 | 18055 Rostock
www.hinstorff.de

1. Auflage 2019

Herausgegeben von Franz Schopper und Thomas Drachenberg
Brandenburgisches Landesamt für Denkmalpflege und Archäologisches Landesmuseum
Wünsdorfer Platz 4–5 | 15806 Zossen
www.bldam-brandenburg.de

Gestaltung: Kassler Grafik-Design, Leipzig
Lektorat: Thomas Gallien
Druck: Grafisches Centrum Cuno GmbH & Co. KG
Printed in Germany
ISBN 978-3-356-02282-7